学汉语分级读物

⑭

Zhǐshàng-Tánbīng De Gùshi

纸上谈兵的故事

第3级 历史故事

陈贤纯 编著

北京语言大学出版社
BEIJING LANGUAGE AND CULTURE
UNIVERSITY PRESS

© 2019 北京语言大学出版社，社图号 18168

图书在版编目（CIP）数据

纸上谈兵的故事 / 陈贤纯编著． —— 北京 ：北京语
言大学出版社 ，2019.1
（学汉语分级读物．第 3 级：历史故事）
ISBN 978-7-5619-5323-5

Ⅰ．①纸… Ⅱ．①陈… Ⅲ．①汉语 - 对外汉语教学 -
语言读物 Ⅳ．① H195.5

中国版本图书馆 CIP 数据核字（2018）第 248900 号

纸上谈兵的故事
ZHISHANG-TANBING DE GUSHI

责任编辑： 郭 冰   **封面制作：** 西吉文化
插图绘制： 北京冰河插画工作室 西吉文化
排版制作： 北京创艺涵文化发展有限公司
责任印制： 周 燚

出版发行： 北京语言大学出版社
社 址： 北京市海淀区学院路 15 号，100083
网 址： www.blcup.com
电子信箱： service@blcup.com
电 话： 编辑部 8610-82303647/3592/3395
国内发行 8610-82303650/3591/3648
海外发行 8610-82303365/3080/3668
北语书店 8610-82303653
网购咨询 8610-82303908
印 刷： 北京建宏印刷有限公司

版 次： 2019 年 1 月第 1 版
印 次： 2019 年 1 月第 1 次印刷
开 本： 880 毫米 ×1230 毫米 1/32   **印 张：** 3
字 数： 49 千字   **定 价：** 29.00 元

编写说明

这是什么书？

这是为学汉语的人写的课外读物，有民间故事、文学故事、历史故事 3 个部分，一共有 50 本。

谁读这些书呢？

第一，学汉语的外国人。第二，生活在海外的华人子女。第三，中国国内学汉语的少数民族学生，甚至包括中国的小学生。

这些书有意思吗？难不难？

1. 这些书讲的故事很有意思，有很多中国文化的内容。你们在学习汉语的同时，也能了解中国文化。

2. 故事很容易懂。

我们把这些书分为 3 个等级：

级别	内容	册数	汉字量
第 1 级	民间故事	10 本	500 字
第 2 级	文学故事	20 本	800 字
第 3 级	历史故事	20 本	1200 字

第 1 级是最容易的，10 本书都是中国的民间故事。只要认识 500 个最常用的字，不用查词典，就能轻松读懂这 10 本书。

第 2 级有 20 本书，都是中国古代最有名的小说里的故事，认识 800 个汉字的人可以读懂。小说本来是很难的，可是我们讲得很简单，很容易懂。

第 3 级也有 20 本，认识 1200 个汉字的人可以读懂。这里讲的历史故事发生在 2000 多年前的中国。为什么给你们看过去的故事？因为文化是从过去来的，看看 2000 多年前的故事，才能真正知道中国人现在为什么这样想，为什么这样做。

　　每一本书都只有很少的字比较难，这些字有拼音，有插图，有说明，可以帮助你们读懂。

　　3. 每一本书都只有 2～3 万字，很快就可以读完一本，阅读会成为一件轻松、快乐的事。

　　4. 这套书一共有 50 本，很多，内容很丰富。读完这 50 本书，你们不但能了解中国文化，而且再也不会觉得中文难读懂了。

　　怎么样？快打开书，读一读这些有意思的故事吧！

关于历史故事

　　跟民间故事和文学故事不同，历史故事是真实的历史，是以前发生过的事。

　　这 20 本历史故事，选自公元前 770 年到公元前 202 年的历史。以《左传》《史记》《国语》《战国策》等历史记载为根据，只在细节上有一些连接和想象。

　　中国的历史很长，故事很多，为什么只选这一段时间？

　　这一段时间，正是春秋战国到秦朝末年。这是一个乱世，乱世故事多。

　　这一段时间，也是中华民族文化大发展的时候。

　　中国文化的很多思想来自这个时期，很多故事来自这个时期，很多成语来自这个时期。

　　这个时期是中华文化的源头。

　　要了解中国，必须了解中国文化。

　　要了解中国文化，就不能不了解春秋战国时期的历史。

　　历史故事每一本书都有一个编号，编号是根据时间的先后决定的，年代更远的在前面，年代较近的在后面。读者可以根据编号的先后阅读。

故事简介

　　秦国大军进攻赵国，赵国派出名将廉颇去迎敌。

　　廉颇见秦军势大，很难取胜，就采取防守的办法，使秦军三年不能前进。

　　赵国 40 万大军长期在前线，成为赵国经济的沉重负担，赵王对廉颇不满，派赵括去接替廉颇，希望赵括能尽快打败秦军。

　　赵括读过很多兵书，能说会道，但是没有实战的经验。而且他骄傲轻敌，目中无人。他马上向秦军发起进攻。结果赵军大败，赵括战死，40 万赵军投降。秦将白起把投降的 40 万赵军全部坑杀。

　　赵国快要灭亡了。

目　录

大战之前

　　1995 年 5 月的一天，山西省高平市城北 10 多公里的将军岭（lǐng）下，一个农民在自己家的地里翻土，突然挖出了一大堆白骨，都是人的尸（shī）骨。把表面的土挖掉以后，尸骨越来越多，密密麻麻的，数不清有多少。

　　在尸骨堆里还发现了一些长满铜绿的刀币（bì），一共有 17 个。

　　刀币是春秋战国时期的钱，流通于齐国、燕（yān）国和赵（zhào）国。

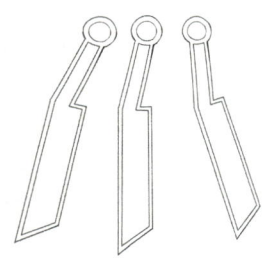

刀币

　　更奇怪的是，在一根粗大的骨头上还插着一个箭头。可把这个农民吓坏了。他赶紧向有关部门报告。

　　山西省的考古专家接到报告后，马上就赶到现场去看。专家们都认为，这个尸骨坑是战国时期长平之战的尸骨坑遗址。

　　山西高平，战国时称为长平。秦（qín）国和赵国在

坑　　kēng　地上凹下去的地方。
遗址　yízhǐ　已经被破坏的古代很有名的地方。

这里曾经有过一次上百万人的大战，秦赵两国都死伤了很多士兵。后来赵国战败，40万赵军投降。秦国大将白起，把这40万赵军赶入坑中，全部坑杀。

这些白骨就是赵国被坑杀的士兵的尸骨。这些可怜的人被埋在这里已经2000多年了。

* * * * * * * * * * * *

让我们回到那遥（yáo）远的公元前260年前后，那个血雨腥（xīng）风的战争年代。

那时候，位于现在陕（shǎn）西一带的秦国，经过很多年的改革（gé）和发展，越来越强大。于是秦国不断向东、向南扩张（zhāng），除了陕西、甘（gān）肃（sù）一带以外，还同时拥（yōng）有现在的四川（chuān）以及河南、湖北和山西的一部分，成为当时人口和土地最多的诸（zhū）侯（hóu）国，经济和军事实力最强大。

秦国有一支可怕的军队。这支军队武器装备精良，等级很严，纪律（lǜ）严明，作战勇敢，几乎战无不胜。

你要是想不出这支军队的样子，只要到现在西安的兵马俑（yǒng）博（bó）物馆（guǎn）去看一看，就知道那是一支什么样的军队了。士兵们身强体壮（zhuàng），表情坚定。几千名士兵，几百辆战车，一排

投降　tóuxiáng　因为打不过，所以只好放下武器，向敌人表示服从。

排、一行行，组成很大的方阵。他们雄（xióng）视天下，气吞（tūn）山河，一往无前！

这些兵马俑就是按当时军队的实际样子做的。

这样的军队，真叫人胆战心惊。

当时除秦国以外，还有赵、齐、楚、韩（hán）、魏（wèi）、燕六国。他们都没有秦国那么强大。

秦王的目标是消灭六国，统一中国。他正在一步一步地接近自己的目标。

秦国的东边是韩国，秦国首先要消灭的当然是韩国。

公元前 262 年，秦军攻下了韩国的野王 [今河南沁（qìn）阳]，把韩国分成了两块，切断了韩国北部上党郡跟韩国南部的联系。

韩国的军事实力远远比不上秦国，已经没有力量救上党。韩王没有办法，打算把上党地区送给秦国，以求得和平。可是上党的军民把秦国看作"虎狼之国"，不愿意投降秦国。老百姓纷纷逃往东边的赵国。

上党的太守跟大家商量说："现在上党的守军没有人帮助了，肯定会被秦军攻下。上党跟赵国的西部相接，我们不如投降赵国。赵国如果接受我们投降，秦国一定发怒，会向赵国进攻。这样赵国就会跟韩国联合，两国在一起，就能挡住秦军的进攻。"

目标　mùbiāo　想要做到的事。
上党郡　Shàngdǎng Jùn　"上党"是一个地名，"郡"是古代比县高一级的行政区划。

5

大家觉得这个主意好，于是就派人去赵国的都城邯（hán）郸（dān），向赵国交了投降书。

曾经强大的齐国、楚国、魏国当时都已经衰落。赵国虽然没有秦国那么强大，领土没有秦国大，军队也没有秦国多，但是在东方六国之中，赵国算是比较强大的了。只有赵国还能跟秦国抗争一下。

当时的赵国，赵惠（huì）文王已经死了，他的儿子当了国君（jūn），就是赵孝（xiào）成王。

赵孝成王马上叫大臣（chén）们来商量，要不要接受上党的投降。

大臣们的意见不一样。

有的人很高兴，说："上党地区有17座城，50万人，白白地把上党给我们，我们为什么不要？当然要。"

有的人很害怕，说："不行，不能要。如果我们接受了上党，秦国必然大怒，一定会向我们进攻。这是引火烧身呀，到那时候我们的麻烦就大了。所以我们不能要上党。"

赞成接受的人反驳（bó）说："你以为秦军占领了上党以后，就不会来攻打我们赵国了吗？上党跟赵国的西部相接，要是上党让秦军占领了，那我们赵国就危险了。"

这话说得对，以前秦军就曾经多次进攻赵国，占

衰落　shuāiluò　原来强大，现在已经不强大了。

领赵国的土地。要是他们占领了上党，下一步就一定会进攻邯郸。

还有人说："秦军如果占领了上党地区，北上就可取我们的晋（jìn）阳（今山西太原），向东越过太行山就可直接打我们赵国的都城邯郸。这对赵国就十分不利。"

赵孝成王和多数大臣们都觉得秦国的狼子野心不会改变，无论赵国接受还是不接受上党，秦国必定会向赵国进攻。让秦国占领上党，还不如赵国先占领上党。

最后赵孝成王决定，派大臣去上党接受投降，从此上党就是赵国的了。

这把秦昭（zhāo）襄（xiāng）王气坏了。就要到手的地方，突然被别人夺走，他心中气愤极了，当然不会就这样算了。

经过两年准备，公元前 260 年，秦昭襄王派大将王龁（hé）带领 20 万大军进攻上党。

于是，赵国派出廉（lián）颇（pō）将军带领 20 万赵军去上党。廉颇是赵国有名的勇将，打仗（zhàng）很有经验，过去打过很多胜仗。

双方就要展开一场你死我活的大战。

可是，当廉颇的大军赶到上党的时候，秦军已经占领了上党大部分地方。

我们可以看出，从一开始，赵国在军事上就没有做好准备。他们在接受上党投降的时候，就知道秦军会来进攻上党，可是他们并没有及时派出军队去保卫上党。一直等到秦军占领了上党大部分地方以后，才派出军队去，因而失去了先机。

廉颇到了上党，把军队驻扎在上党东部的长平。

四月，廉颇派出去一支 5000 人的赵军，路上遇到秦军。两军打了起来，赵军大败，领头的将军被杀。

六月，秦军攻下赵军的两个营寨，赵军的两个将军和很多士兵战死。

七月，秦军又攻下赵军一个营寨，赵军又死了不少士兵。

赵军连连失利，节节败退。

其实，赵孝成王和赵国的官员们，抵（dǐ）抗秦国的态度很不坚决。在廉颇刚到长平时，打了一小仗失利后，就有人主张派使者去秦国求和。

那时候，如果打不过，常常会采取割地求和的方法，把一部分土地送给对方，换取和平。比如韩国和魏国，曾经多次向秦国割地求和。结果自己的土地越来越少，而秦国的土地越来越多。

赵孝成王不想打仗，想去求和。

驻扎　zhùzhā　（军队）住下来。
营寨　yíngzhài　军队出去打仗时住的地方。

有些大臣反对这时候去求和。他们认为秦国人是肯定不会接受求和的。

他们建议（yì）派使者带着财（cái）物到楚国和魏国去。楚国和魏国只要一接见赵国的使者，秦国就会以为东方六国又联合起来了，因此会害怕。这时候再派人去秦国求和，就有可能成功。

可是赵孝成王不听，他还是派出了使者去秦国求和。

秦王接见了赵国的使者。他也就知道了赵国人对这场战争没有勇气，没有决心，这让他很高兴。

秦国对赵国的使者特别尊重，还把他介绍给各国在秦国的使者。

这样，东方各国都知道赵国已经向秦国求和，他们当然再也不会去帮助赵国。

秦国人这次是铁了心要消灭赵国的，一定要搬掉这块东进路上的石头。怎么可能讲和呢？

可是秦王就是不明确说是同意讲和，还是不同意讲和，他让赵国人等着。他要让赵国人始终抱着讲和的想法，使他们不会铁了心来抵抗。

另一方面秦国人全力加紧在战场上的进攻。

赵国的实力本来还是比较强的，秦国要战胜赵国并不容易。可是赵国统治者的这种态度，已经预示出了这场战争的最后结果。

廉颇很有经验。他发现，秦军太强大，而且士气很高。如果这时候向秦军发动进攻，一定会失败。于是他决定，赵军建起高墙，坚守不出，不跟秦军交战，要等待反攻的机会。

在那个冷兵器时代，只要建起一堵牢固的高墙，就能把敌人挡住，无论敌人的步兵、骑兵还是战车都没有办法前进。敌人如果要进攻，就必须爬上墙去才行。可是墙太高，爬上去很困难，往往还没有爬上去，就会被箭射中。

那时候，用建墙的办法很有用，所以中国的北方有万里长城。

秦军远道而来，粮草运输需要很多人力，他们当然希望快一点决战。可是赵军却躲在墙里不肯出来。于是，秦军一次又一次地向赵军营寨发起进攻，可是每一次都失败，攻不下来，他们没办法前进。

就这样，双方在长平相持了将近3年。

这期间，双方不断增加军队，赵军增加到45万人，秦军增加到50万人。两国都明白，这是一场你死我活的大仗，可以说，双方能够派出来的军队都派出来了。

几十万军队在前方，却不打仗，这样长时间下去，双方的国君都很着急。这么多人要吃要喝，要后方供养着，这样下去，要到什么时候呢？

牢固　láogù　结实，不会坏。

上党离秦国很远，50万秦军的军需要从千里之外运来，这非常不容易，怎么能长期这样下去？秦昭襄王对大将王龁很不满意。所以，他一次又一次地催王龁快一点决战。

王龁向秦王报告说："廉颇这个老家伙太狡猾，他坚守不出，我真的一点办法也没有。"

赵孝成王对廉颇也很不满意。赵国的人口总共只有几百万，现在45万青壮年人都上了前线，长期这样下去，后方哪里有那么多粮食？

打仗打得快没吃的了，赵孝成王心里很着急，叫大臣们来商量怎么办。

有人说可以向邻国齐国借粮食。于是，赵王派了一个使臣到齐国去。

秦国跟赵国上百万人大战，本来齐王在旁边看热闹，正看得高兴。忽然赵国派使者来向齐国借粮食。于是齐王也把大臣们叫来商量：给还是不给？

齐国的大臣们立刻出现了两种意见。

一种意见说："不给。赵国也不是什么好东西，过去也常常派兵来打我们，占领我们的土地。现在他们倒霉了，我们为什么要救他们？我们的老百姓种粮食容易吗？这时候我们应该坐山观虎斗。"

狡猾　jiǎohuá　有很多坏主意，很难对付。
倒霉　dǎo méi　运气不好，碰到了坏的事。

另一种意见说："不救不行。如果赵国胜了，我们的西面有赵国，秦国人就过不来，我们是安全的。如果赵国被秦国灭了，接下来，被灭的就是我们齐国了。所以我们应该帮他们，借给他们粮食。这不是帮他们，而是帮我们自己。"

第二种意见很有远见，很有道理，可是齐王听不进去。

最后齐王决定不借。他心里想："他们两国打仗，我们为什么参加进去呢，让他们去打个你死我活吧。"

赵国的使者没有借到粮食，两手空空地回到了邯郸。赵孝成王心里更加着急了，他一次又一次地催廉颇，要他快拿出勇气来，打败敌人。

可是廉颇说："秦军太强大，我们只能先采取坚守的办法，等机会。如果冒冒失失地决战，一定会失败。这样的大决战失败了，后果真的很可怕啊。"

廉颇不敢决战，不是他没有勇气，是他觉得没有取胜的希望，他也十分清楚失败的后果。所以，他认为坚守并等待机会是最好的办法。显然，廉颇是对的，是非常明智 (zhì) 的。

可是，赵王和他身边的那些大臣竟然没有一个明白人，他们都对廉颇表示不满。

双方的国君都希望快一点决出胜负。

秦国比赵国强大，秦王要求快速决战，是有道理的，因为他们取胜的把握比较大，而且他们也下定了必胜的决心。

赵国比秦国弱小，获胜的可能性很小，目前的形势对赵国不利，赵孝成王也要求快速决战，说明他很糊涂，没有想过失败了会是什么后果。

秦王不愿意这样下去了，就叫大臣们来商量办法。

"我们的军队在上党跟赵军相持已经有 3 年时间了，你们有什么办法让赵军出来决战？"秦王问。

丞相范（fàn）雎（jū）说："大王，廉颇是一个很有经验的老将，要让他出来决战恐怕不容易。"

"那你说怎么办？"秦王问道。

"不除掉廉颇，这个仗很难打。"范雎说。

"你有什么办法可以除掉廉颇？"

"我听说，赵王对廉颇迟迟不肯决战也很不满意。我们可以派一些人到邯郸去，到处散布谣言。"

"散布什么谣言？"

"就说，廉颇害怕秦国，所以不敢出战，说不定他正在准备投降呢。再告诉他们，秦国最害怕的是马服君赵奢（shē）的儿子赵括（kuò），要是用赵括代替廉颇的话，秦国恐怕早就完蛋了。"

"那个赵括是什么人？"秦王问道。

丞相　chéngxiàng　当时最大的官，帮助皇帝或国王治理国家。
谣言　yáoyán　假的消息。

"是个只会在嘴上说说，没有什么经验的家伙。"范雎说。

"赵王会相信这样的话吗？"秦王又问。

"赵王本来就想用赵括代替廉颇，听了这些话他一定不再犹豫，会马上做决定。"范雎说。

秦王觉得这个主意很好，于是就派了很多人到邯郸去。

这些秦国人到了邯郸，在茶馆、酒楼以及其他人多的地方，说廉颇的坏话，把赵括说成是一个天下少有的军事天才，让秦国人害怕得不得了。

这些话当然很快就传到赵孝成王的耳朵里。这一下，赵孝成王就更把希望放在赵括的身上了。

犹豫　*yóuyù*　拿不定主意。

赵括父子

赵括是什么人？秦国人为什么希望赵括代替廉颇？

赵括是一个比较年轻的将军，这时候大约40岁。他身材高大，长得很帅（shuài），身体健壮有力气。他在赵国名气很大，不仅是因为外表长得好，更是因为他的才气和他的家庭背景。

赵括的父亲叫赵奢，是赵国的名将，跟廉颇和蔺（lìn）相如一样都是赵国的重臣。

这个赵奢本来只是一个收税的小官，地位很低。但是他是一个人才。

到老百姓家一家一家去收税，让人家把钱交出来，这本来是一件很没有意思的事情。可是赵奢做得很认真，一点都不觉得烦。他知道税收对于一个国家来说有多么重要。

他们收税收到普通人家的时候，一般都没有问题。老百姓虽然不愿意把钱交出来，可是他们不敢说什么。可是每一次到那些有权（quán）有势人家的时候，税却很难收上来。有一次赵奢收税收到平原君家，平原君的管家不仅不肯交税，还把他赶了出来。

这可把赵奢气坏了，平原君要是这么干，那老百姓谁还愿意交税呢？

平原君是什么人？

税 shuì 国家按照法律向企业或个人收的钱。

他是赵惠文王的弟弟，赵国的丞相。除了赵王以外，他是赵国权势最大的人。连他家的仆（pú）人都觉得自己比别人高一等。所以，他的管家根本没有把赵奢这样的小官放在眼里。

当时赵国有法律，抗拒交税的人是要杀头的。

可是，谁敢杀平原君家里的人？

别的收税官员都不敢，所以每一次去收税，收不上来也没有办法。

只有赵奢敢，他一连杀了平原君的 9 个管家。

平原君知道了以后大怒："谁这么大胆子，敢杀我的管家？"他叫人把赵奢绑（bǎng）了起来，要杀赵奢。

刀架在赵奢的脖子上，可是他一点都不害怕，反而冷静地说："且慢，公子，您是不能杀我的。"

"我怎么不能杀你？"平原君问他。

"您是赵国的贵公子，现在您家不交税，我要是对您的管家放任不管，不按赵国的法令办事，那么赵国的法令就要失效（xiào），赵国就要衰落。如果赵国的实力衰落，其他诸侯国就要来攻打我们，我们赵国也就完蛋了。那时候您的富贵还能保得住吗？

"相反，要是像您这样地位高贵的人，都能带头守法，那么赵国上下的人都会守法。如果大家都守法，那么赵国就会变得强大。赵国一强大，您作为赵王的弟弟，难道还怕被别人轻视吗？"

这平原君虽然没有管好家里人，不过还算是一个正直的人，听了赵奢的话以后，觉得他说得很对。自己的管家不交税，本来就不对。要是大家都不交税，那赵国还会好吗？自己是应该带头交税的。

所以，他不但把赵奢放了，还把他推荐给赵惠文王，说这个人可以重用。

于是赵惠文王叫赵奢主管全国的税务。结果赵奢把工作做得很好，国库（kù）里的钱多了起来，赵国也越来越强大了。

赵奢自己的兴趣并不在收税，他喜欢军事。他年轻时就读兵书，是很懂军事的。所以后来赵惠文王让他带兵打仗，赵奢也常常能打胜仗。

赵奢家里有很多兵书，儿子赵括从小就喜欢看父亲的这些兵书。赵括非常聪明，记性很好，兵书他一看就明白，读过就能记住。而且他能说会道，说起用兵打仗的事情来，头头是道，谁都说不过他，连他的父亲都难不倒他。

有一次，赵惠文王看见他们父子两个在争论兵法，儿子不同意父亲的意见，引用书里的话，把父亲逼得脸都红了，一时找不到话来还口。

儿子说："父亲，您虽然治军严明，但不善于谋划，

推荐　tuījiàn　这里指向他人介绍有才能的人。
兴趣　xìngqù　喜欢的事情。
谋划　móuhuà　事先计划。

打起仗来，能够做到不大败，也可以求得一些小胜，但是却很难求得大的成功。"

这一下，把赵奢说得有些生气了，认为儿子自己没有打过仗，竟然敢小看父亲。

赵惠文王看得哈哈大笑，说："看来，儿子比父亲更厉害。"

从此赵惠文王就非常看重赵括，觉得这个年轻人脑子快，是个天才。于是让他陪太子读书，太子也就是后来的赵孝成王。

所以，赵括年纪轻轻就已经出了名。讲起兵法来一套一套的，而且他自己也写书。后来还经常给军中的将士们上课讲兵法，连军中的老将们都很佩服他，碰到什么问题都去问他。

赵括自己也以为谈起军事来，天下没有人是他的对手。因此傲气十足，把天下的将军们全都没放在眼里。

可是他父亲赵奢见了他，却总是摇头，不说他好。

赵括的母亲问："人家都说我们的儿子好，可你怎么总是摇头呢？"

赵奢说："这是战争呀，双方拿着刀，你杀我，我杀你，每一次都血流成河，会死很多人。可是赵括把它看得太轻松（sōng）、太容易了。以后赵国不让赵括做将军那就好，如果一定要他当将军带兵去打仗，那么

佩服　pèifú　觉得了不起。

毁掉赵国军队的人一定是赵括。"

赵括的母亲把这些话告诉了赵括，赵括说："父亲真是老了，打仗越多胆子越小，所以才会说这样的话。"

赵奢真是很担心，儿子这么夸夸其谈，真不是好事，说不定要出大事。

话虽这么说，可是赵奢每一次出去打仗，都把赵括带在身边。他希望儿子因此能够获得一些实际作战的经验，以后不是光会嘴上说说。

毁掉　huǐdiào　破坏，消灭，使没有了。
夸夸其谈　kuākuā-qítán　只会说得很好，可是做起来不行。

麦丘之战

公元前280年，赵惠文王命赵奢为将，带兵去攻打齐国的麦（mài）丘（qiū）（今山东商河西北）。这以前，赵军曾经多次进攻麦丘城，但是由于麦丘有足够的粮草，守军中又有善于守城的将士，所以每一次都攻不下。赵惠文王十分生气，命令赵奢必须在一个月内拿下麦丘。

赵奢一到麦丘，就下命令进攻。

赵括却对父亲说，先别忙着进攻。

赵奢问为什么？

赵括说，采用硬攻的方法，是很难在一个月内攻下麦丘的，而且会死很多士兵。麦丘城里粮食虽然还没有吃完，但肯定是不多了。赵括希望父亲暂停进攻，先搞清楚情况，不要造成不必要的损失。

赵括的这些话，听起来很有道理。

可是赵奢说："大王只给我一个月时间，一个月时间太短了。要是按你的方法，我还没有搞清楚情况，恐怕一个月就过去了。"

赵奢没有听儿子的话，下令攻城。

虽然麦丘城不大，但是城墙却很高、很坚固，要爬上去很不容易。赵军死了不少士兵，也没有攻下麦丘。

赵括又对父亲说："以前赵军攻了几年都没有攻下来。这一次我们的军队跟以往相比，没有什么不同。

我们不比他们更善战，攻城的手段也并不比他们更多。如果像以前的赵军一样硬攻的话，不仅要付出以前一样多的代价，而且一样攻不下来。"

赵奢很着急，如果这种情况继续的话，一个月的时间很快就会过去。他问儿子："你有什么办法？"

赵括说："城中的人经常在晚上偷偷出来打赵军。我们抓一些人来问问城里的情况吧。"

于是，赵奢按赵括的办法，抓来了一些人。他问被抓来的人，向他们了解城中的情况，可是这些人紧闭着嘴，死都不肯说。

赵奢虽然很生气，可是他还是忍住了自己的脾气，按赵括说的办法，并没有打骂他们。

赵括不但每天给这些人饭吃，而且对他们很客气。最后决定放了他们，还给他们粮食，让他们带回城中给家里人吃。

赵括的办法很有用。果然，这些人被他感动了，有人悄悄地告诉赵括，城中的粮食不多了，都在军队手里。老百姓早已没有粮食，快饿死了。

赵括问，齐军还能守多长时间？

他们说，还能守几个月。

于是赵奢下命令，停止进攻，把这些人全部放回去。

这些人回去后，跟大家说，这支赵军对他们很客气，没有打骂他们，不但让他们吃饱，还让他们带粮食回来给家里人吃。

听了这样的话，城里这些快要饿死的老百姓，就想出城去投降赵奢了。

这些人回来以后到处乱说，使得齐军军心都动摇了，守城的将军看到情况不好，就把这些人关了起来。这样一来，士兵和老百姓都对将军很不满。

当时，攻城使用的一种机器叫抛（pāo）石机，这种机器能把石头扔进城里去，杀伤守军。赵奢让士兵用抛石机把粮食抛入城中。赵军每天把粮食抛入城中以后，就回营去休息了，也不向城中说什么。

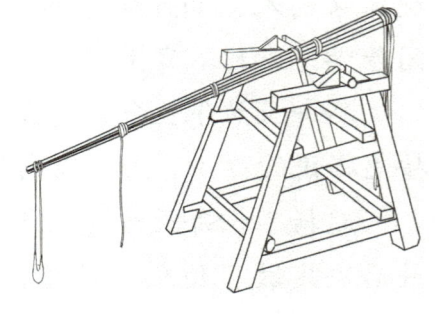

抛石机

有些士兵不明白，问道："为什么把我们的粮食给敌人？"

赵奢也不说什么，他知道很难说清楚，所以只是说："过几天你们就知道为什么了。"

没想到，过了几天，守城的齐军把抛进去的粮食全都收集起来，派代表送了回来，他们对赵奢说："你们要攻就来攻，不要假惺惺地抛粮食，动摇我们的军心。"

假惺惺 jiǎxīngxīng 　不是真的关心别人，也说假心假意。

赵奢让他们回城里去等着，说赵军很快就要进攻了。

可是赵军实际上并没有进攻，过了几天又向城里抛粮食。

守城的齐军将领非常生气，派代表来见赵奢，要跟赵军决战。

赵括劝父亲说："不要跟来人见面，等着城里的情况发生变化。"

赵奢听了赵括的意见。

过了几天，麦丘的士兵和老百姓果然杀了守城的齐军将领，打开城门投降了。

赵括的办法真的很有用。这一次，连他父亲赵奢都觉得儿子很有办法。

赵奢能够在不到一个月的时间里就攻下麦丘，而且伤亡（wáng）很少，赵惠文王觉得很奇怪："那个地方以前打了很多次都没有打下来呀。"

赵奢就对他讲了赵括的办法，赵惠文王很高兴，从此就更看重赵括了。他重赏了赵奢和赵括父子俩。

从这一次打麦丘，我们可以看出，赵括当军师出主意还是行的，他还真有一些办法。

不过这只是一次规模不大的战斗。

重赏　zhòngshǎng　给很多钱和财物。
规模　guīmó　这里指（事业、工程、运动等的）范围、场面。

28

阏与之战

公元前279年，秦赵两国在渑（miǎn）池会上订立了盟约，两国约定互不进攻，并且把自己的公子派去对方那里当人质（zhì），以表示对和平的诚意。

本来两国应该不再打仗了。（见本丛书《将相和的故事》）可是几年之后秦国派了一支军队，借道韩国的上党地区，进攻赵国的阏（yù）与（yǔ）（今山西和顺）。

秦昭襄王为什么说话不算数呢？

这次不能怪秦昭襄王，事情是赵惠文王挑起来的。

赵国曾经向秦国提出，要用3个地方交换以前被秦国占领的地方。

这一次秦国很守信用，把以前占领的地方还给了赵国，可是赵国却没有把那3个地方给秦国。赵惠文王说，这件事他不知道。

秦昭襄王当然非常生气，觉得自己被骗了。他是一个从来不吃亏的人，当然不会就这样算了。

既然赵国说话不算数，那秦国说话也可以不算数。于是秦昭襄王就派兵去攻打赵国的阏与。两国的盟约就这样被破坏了。

阏与在太行山西边，从那里通过太行山的小路，可以到达赵国的都城邯郸，这是一个十分重要的军事据点。

盟约　méngyuē　双方以后不打仗并共同对付敌人的约定。
吃亏　chī kuī　自己受了损失，让别人占了便宜。

带领秦军的将军叫胡阳，很勇猛（měng），以前打过不少胜仗。

阏与的情况很危急。

赵惠文王问廉颇："阏与能不能救？"

廉颇说："路太远，而且那里的山路又小又险，很难救。"

赵王又问另一个将军："阏与能不能救？"

那个将军的回答跟廉颇一样。

赵王不想丢掉阏与这个重要的地方，又问赵奢。

赵奢说："阏与是应该救的。丢掉这样的军事据点，对赵国很不利。阏与道远路险，两军在那样的地方作战，就好像两只老鼠（shǔ）在洞里相斗，谁勇敢，谁就能取胜。"

赵惠文王十分欣赏赵奢的勇气，就命赵奢为将去救阏与。

这一次赵奢仍然准备带着赵括。临出发前，他问赵括："这次救阏与能胜吗？"

老鼠

赵括说："胡阳是白起所看重的秦军名将，很会用兵。赵军虽然强劲，但是没有必胜的把握。要说勇敢，秦军也很勇敢，所以赵军的胜算只有一半。"

赵奢又问："你有什么想法？"

欣赏　xīnshǎng　这里指认为很好，很喜欢。

赵括说:"秦军从韩国借路攻赵,韩国一定很担心被秦军顺手牵羊占领了韩国的土地,所以一定在阏与附近驻扎了不少军队。"

赵奢说:"是这样。不过韩国是秦国的盟国呀。"

赵括说:"秦军连年进攻韩国,虽然使韩国成为秦国的盟国,但韩国并不放心,所以反复无常。这一次秦军深入韩境,必定也要提(dī)防韩国的军队。秦韩两军,实际上都有点担心害怕。"

赵奢说:"说得对。"

赵括说:"秦军远道攻赵,利在速战。我们应该让秦韩两军互相怀疑,分散秦军对赵国的注意力。如果让秦军对自己所处的环境感到害怕,那么我们的仗就好打了。"

赵奢说:"有道理,我们可以利用这一点。"

赵奢带着部队出了邯郸,没走多远就停了下来,命令士兵们修建防守的工事。

这个地方离邯郸没多远,只有30里地,离阏与还有很远的路。为什么在这里停下来不走了呢?大家都不明白。

赵括悄悄地问父亲为什么?

赵奢说:"秦军已经做好了迎敌的准备,占领了有

怀疑 huáiyí 不相信,觉得有问题。
环境 huánjìng 周围的情况和条件。

利的地形，就等着赵军去呢。那个地方路小山险，对我们很不利。在这种情况下，赵军很难取胜。我们必须要等到这样的情况有所改变，才能发起进攻。"

赵括接着说："我知道了，您让部队停在这里修建工事，是为了让敌人以为，我们要在这里设立防线，保卫邯郸，而不是去救阏与。"

"对！给敌人一个假象（xiàng）。"赵奢说。

赵奢对全军说："我的决定谁都不要说三道四，谁要是敢给我乱出主意，让我去救阏与，我就杀了谁。"

赵奢一方面派一支小部队到阏与城外，先假装成秦军，去攻击韩军，打一下就逃走。然后又假装成韩军，攻击秦军，也是打一下就逃走。这样反复几次以后，秦韩两军就互相怀疑起来了，大骂对方不是东西。秦韩两军本来就不信任对方，经过赵军的暗中挑拨，就真的起了摩擦。

另一方面，赵奢派人悄悄地进入阏与城里，告诉守阏与的赵军，赵国已派大军来救，一个月内一定会解阏与之围，让他们必须坚持住。实际上，他自己却在邯郸附近按兵不动。

赵奢手下有一个军官，去看了阏与的情况，看到攻打阏与的秦军很强大，守城的赵军很吃力，回到赵

挑拨　tiǎobō　故意使别人不和，引起问题。
摩擦　mócā　这里指双方军队之间一些小的打斗和冲突。

军营地后，就劝赵奢不要在邯郸附近停留，应该赶快去救阏与。赵奢马上就把这个军官杀了。

这个赵奢，怎么乱杀自己人呢？

因为他事先说过，谁敢乱出主意，就杀死谁。在军中说话可都是真的，不是随便说说。赵奢不让大家乱出主意，是为了让敌人难以了解他的意图。

很可惜，那个军官就这样死了。从此，没有人敢再说什么。

赵奢命令士兵们赶快修建工事。他们在那里一直待了20多天，没有前进一步。赵奢还不断地让士兵们加固工事，好像真的要在那里长住下去的样子。

再说秦国的将军胡阳，等着赵军来救阏与，准备两军在阏与决战。可是等来等去，赵军却没有来。

他赶紧派人出去打听怎么回事。派出去的人回来报告说，赵军在邯郸附近修建了工事。

赵军在那里修建工事，显然是为了保卫邯郸。难道赵军不来救阏与了吗？胡阳弄不明白了。他决定再派人到赵军中去了解情况。

胡阳派出去的人，打扮（bàn）成赵军的样子，冒充阏与城里的守军要求见赵奢。

门口的士兵先向赵括做了报告。

赵括接见了来人。一看来人，赵括就觉得不大对

冒充 màochōng 把假的装成真的。

头。那人说话的口音，不像赵国人，也不像阏与附近上党地区的人，倒很像秦国的口音。再问他城里的情况，他却含含糊糊说不清楚，显然他对城内的情况并不了解。

赵括一下子就明白了，这个人一定是胡阳派来的。他赶紧把这个情况告诉他父亲，父子俩心中暗暗高兴。

那个秦国人见了赵奢就说："请将军快一点去救阏与吧。"

赵奢说："太行山的路太险，阏与不好救。只怕我的援军还没到阏与，阏与就已经被秦军攻破了。到那时候，秦军如果出击远道而来的赵国援军，赵军一定会败，邯郸就很危险了。"

那秦国人听了，假装很难过的样子，哭着一再请求赵奢去救阏与。

赵奢说："我不能丢大保小，这样做不行呀。"

赵奢让士兵把那人带下去，让他回去了。

虽然赵国的援军没有来，可是胡阳这时候却遇到了麻烦。首先是，在赵军的挑拨下，秦军跟韩军的冲突越来越严重，秦军不得不分派兵力，防止韩军切断自己回秦国的路。

然后是阏与又迟迟攻不下来，阏与城中的赵军还说要跟韩军一起出来打击秦军。

含含糊糊　hánhanhūhū　（说得）很不清楚。

这时候，派去见赵奢的人回来了，报告说，赵奢确实是在邯郸附近设防，要保卫邯郸，而不是前来援救阏与。

胡阳听了非常高兴，说："这么说，他们放弃阏与了。这真是好消息呀，我们可以放心地全力攻打阏与了。"

本来在阏与城外的北山上，秦军有一支用来防备赵国的援军。这是一个制（zhì）高点，对于秦军非常重要。

现在知道赵军放弃了阏与，不会来了。那么，在那里放一支部队就没有什么用。为了尽快攻下阏与城，胡阳把驻守在北山制高点上的秦军撤（chè）了下来，也去攻打阏与，只留下很少的人。

胡阳这边的部队刚刚撤下山，那边赵奢马上就知道了。

赵奢立即命令部队，用最快的速度向阏与前进，结果只用了两天一夜的时间就到了阏与。

到了阏与，赵奢马上派了一支一万人的部队去抢占北山制高点。士兵们虽然经过两天一夜的急行，已经非常非常累了，可是他们知道如果被秦军占领了制高点，赵军面临的就是死亡。所以他们咬着牙，拼命往山上冲。

他们刚刚爬到山顶，就看见秦军也正从山的另一面往上爬。

原来，胡阳一听说赵国的援军突然到了阏与，就知道自己上当了，赶紧让原来驻守北山的秦军回去。

可是已经晚了，赵军比他们早到了一步。山上的赵军居高临下向秦军射箭，箭像雨点一样射下来。秦军很多人中箭，纷纷倒下，冲了几次都冲不上去。

这时候，赵奢领着赵军冲杀过去，阏与城里的赵军也杀出城来，一场大战开始了。韩国的军队本来是在旁边看的，一看秦军败了，也趁机从后面打杀败退的秦军。

结果赵军大胜，秦军名将胡阳战死。

赵奢救下阏与，前后正好用了一个月的时间。

这一仗本来很难取胜，可是赵奢却打得那么漂亮。赵惠文王很高兴，就把马服这个地方赐给赵奢，叫他马服君。

于是赵奢跟廉颇、蔺相如的地位一样高了。

这一仗，赵括又出了一些很好的主意，有很大的功劳。因此赵括就更加出名了。

赐 cì 这里指地位高的人把东西送给地位低的人。

赵括上任

现在要不要派赵括去接替廉颇呢?

赵国人对赵括有两种不同的看法。

多数人都觉得赵括很了不起,比他的父亲更厉害,是一个军事天才。

但是也有人认为赵括只是读兵书读得好,口才也很厉害,可是没有实战经验,而且他太骄傲,目空一切。这样的人肯定会失败,所以不可重用。

在赵国跟秦国到了决战的时候,正需要军事人才。赵王既然对廉颇不满意,那么就应该派一个比廉颇更强的人去接替廉颇。

他为什么不派赵奢去呢?

原来,赵奢已经死了,赵惠文王也死了。这时候的赵王是赵惠文王的儿子赵孝成王。

赵孝成王当太子的时候,赵括曾经陪他读书,他对赵括的印象很好,觉得赵括是一个天才。所以,现在他当然首先想到了赵括。

可是赵孝成王心里仍然犹豫。毕竟这是跟秦国的生死大战,万一要是赵括不行,那赵国就完了。所以,他问几个大臣,要不要派赵括去接替廉颇?

这些人都支持赵括,说应该派赵括去替换廉颇。

他们都记得,前几年在讨论要不要接受韩国上党投降的时候,赵括驳斥那些反对接受上党的人,道理说

印象　yìnxiàng　看过、听过以后的感觉。
驳斥　bóchì　说明自己的意见,反对错误的言论和意见。

得非常深刻，满朝大臣们都为他喝彩。他熟读兵书，秦赵两军在长平对抗以来，他又是廉颇的后方总管，负责给廉颇的长平军队送粮、送武器，出入长平几十次，对于长平的地形和军务也很了解。不派他去派谁去？

只有蔺相如跟别人的意见不一样。这时候他虽然病重，在家里躺在床上起不来，但是仍然给赵王写信说："赵括只会读他父亲留下的兵书，是个只有虚（xū）名的人，他不知道怎么随机应变，不能让他指挥这么多军队。"

可是赵孝成王不是赵惠文王，他没有听蔺相如的话。

赵孝成王问赵括："你能不能为我打败秦军？"

赵括说："秦国要是以白起为将，那我得好好谋划谋划，才能打败他。要是以王龁为将，那打败他们不在话下。"

赵王问道："为什么这么说？"

赵括说："白起是秦国最有名的将军，曾经在韩国、魏国和楚国打过无数胜仗。每一次都战必胜，攻必取。为秦国夺得了很多城市和土地，大大扩展了秦国的领土。他是各国中最会打仗的将军。"

"你跟他比起来，谁能胜？"赵王问。

"我跟他相比，可以说胜负各占一半。所以，如果是白起指挥，我得好好谋划谋划。"

"现在是王龁指挥秦军，你觉得取胜的把握大吗？"

赵王问。

"王龁这样的人带兵，也就是廉颇会怕他。要是遇到我，打败他就如秋风扫落叶一样简单。"赵括的意思是说，打败王龁他连谋划都不用谋划。

赵王听了赵括的话，心中大喜。

赵括确实像他父亲所担心的那样，把打仗看得太容易，把秦赵之间的这场生死大战看得太简单。

再说秦国派出的那些造谣的人，到了邯郸以后，冒充赵国人，每天都在茶馆、酒店和街上等各种场合说廉颇不行，害怕秦国，迟早会投降。说秦国最怕的是赵括，这人是军事天才，只要他一去，秦国保证被打败，等等。

弄得赵国人也都相信了这种说法，跟着他们到处传这些话。所以，没过多久，几乎整个邯郸城里人人都这样说了，谣言竟然变成了民众的舆论。

秦国人怎么知道用了赵括以后，赵军一定会失败呢？

因为赵括年轻气盛（shèng），虽然熟读兵书，可是没有大战的指挥经验，很容易上当。而且他太骄傲，秦国的将军们除了白起以外，他谁都不放在眼里。如果用赵括替换了廉颇，他一定会跟秦军决战。只要赵军肯出来打，这就好办了。

舆论　yúlùn　民众的言论和意见。

赵孝成王本来还有点拿不定主意，听了街上的那些谣言以后，就下定了决心："派赵括去替换廉颇！"

赵括接到了任命，整顿行装准备要出发了。这时候赵括的母亲来到王宫，求见赵孝成王。

赵孝成王觉得很奇怪，这老太太来做什么呢？

没想到老太太一见到赵王就说："请大王不要派赵括到长平去。"

赵孝成王很吃惊，问道："为什么？"

老太太就把赵奢对儿子的看法说了一遍，并且说："他把战争看得那么容易，几十万赵军的性命在他手里呢，我很担心。"

赵孝成王说："他跟着他父亲打过不少胜仗呀。"

老太太说："这父子俩不一样。过去他父亲当将军的时候，对自己的部下很好，关系亲密得像兄弟一样的有几十个人。他们来我们家吃饭，他父亲都亲自给人家端饭端汤。另外，像好朋友一样，常常来我家做客的有好几百人，他们可以随便出入我家。"

"这些我以前也听说过。"赵王说。

老太太接着说："每一次得到大王的赏赐，他父亲都拿出来分给手下的军官和士兵，自己一点都不留。他父亲说，没有这些兄弟拼死作战，哪里会有胜利呀。每一次接受了军事任务，他父亲就不再过问家里的事情。"

"赵括有什么不同吗?"赵王问。

"赵括刚刚做了将军,就傲慢地坐着,接受部下的参见,他手下的军官们谁都不敢抬起头看他的脸。大王您赐给他的金玉财宝,他都拿回家藏起来。每天还打听哪里有良田和好的房子,发现有合适的就把它们买下来。您说,他的这种表现能跟他父亲比吗?大王,他们父子俩完全不同,请您不要派他当将军。"老太太说。

"可是,这些也不能算是大问题呀。我不能因为这样一些小事就改变决定,对不对?"赵孝成王说。

"既然大王一定要派他去,以后他要是不称职,打了败仗,我们全家能不受牵连吗?"老太太终于说出了最后想说的话。

"好的,我保证,你们全家都不会受牵连。"赵孝成王答应了。

在古代,一个人犯罪,常常全家人和所有的亲戚都要倒霉。

赵括这次去长平代替廉颇,必须出兵跟秦军决战。上百万人的大决战,要是败了就是大败,说不定整个赵国就要毁在他手里了,到时候一定会有人提出来要杀赵括的三族,老太太知道那时候全家都会倒霉。秦国的军队那么强大,赵奢对儿子的看法又这么不好,老太太觉得儿子的胜算非常小,想来想去,就去找赵

犯罪 fàn zuì 做出对社会有害的事,如杀人、放火等。

王，即使不能改变赵王的决定，也希望能保全一家人的性命。

这次秦赵决战，赵国的国君和大臣们都非常糊涂。他们以为只要把指挥权交给赵括，赵国就能胜利，他们不了解当时的形势。不得不说只有这个老太太还算是个明白人。

赵括初胜

秦国人的目标是要消灭赵国，这一仗可以说是志在必得。所以，这次进攻赵国，他们经过了认真准备，调动了全国的力量。

过去秦国攻打一国时，其他诸侯国常常会派兵来帮这一国，几国的军队联合起来，跟秦国人打，弄得秦国很头疼。所以这一次，进攻赵国之前，秦昭襄王就派使者到韩国、魏国去，一方面说好话拉拢他们，另一方面说狠（hěn）话："要是你们帮助赵国，秦国打下赵国以后，立即就来打你们。"

韩国和魏国以前常常被秦国欺负，他们被秦国打怕了，所以这一次他们不敢去救赵国。

秦国这一次是铁了心要消灭赵国。

赵孝成王却对这一点认识不足。他虽然接受了上党，可是却没有做好跟秦国决战的准备。他还派使者到秦国去，对秦王说赵国愿意割地求和。

秦国已经下了这么大决心，怎么会跟赵国讲和？

可是秦国人非常狡猾，对于赵国割地求和的要求，迟迟不表示态度，既不说行，也不说不行。打仗打了3年，让赵国的使者在咸（xián）阳一直等了3年。

秦王用这样的办法，一方面使赵王心里还有求和的希望，失去抵抗的决心。另一方面做出秦赵和谈的样子，使其他五国放弃救援赵国。

拉拢 lālǒng 使别人站到自己一边来。

赵孝成王及其身边的重臣，一方面担心赵国不是秦国的对手，另一方面却不能全力准备战争，以为用赵括代替廉颇就能够战胜秦国。

在这种情况下，赵括带着赵王的命令到了长平。

廉颇没有办法，只好把指挥权交给赵括。他知道如果这时候出击，赵军必败，他为赵国45万士兵的性命担心，为赵国的命运担心。他曾经一再劝说赵孝成王，可是赵孝成王不听。

他知道自己已经什么都做不了了，只好一个人伤心地骑着马回邯郸。

赵括到长平以后，立刻就改变了廉颇的很多规定。他认为廉颇治军不严，问题很多，他要求全体将士必须按照自己的规定来做。

同时，他换掉了很多廉颇信任的军官。他觉得廉颇任命的这些军官，虽然打仗勇敢，可是有勇无谋。他不喜欢这样的军官。

一个有经验的将军，在这样的决战前，是不敢换掉大批军官的，因为这会使军心动摇，会在打仗的时候造成士兵不听指挥的后果。可是赵括不管这些，既然要他来指挥，他就要按照自己的意思来做。

赵括对手下的军官说："如果秦军来进攻，你们必须奋勇争先。如果胜了，就立刻追击，要使秦军一个

有勇无谋　yǒuyǒng-wúmóu　虽然很勇敢，但是不会动脑子。

人都回不去。"

秦昭襄王听说赵括已经到了长平，马上就非常秘密地用白起替换了王龁，让王龁当白起的副手，并且对知道这件事的军官们说："要是谁把这件事说出去，就处死谁。"

秦昭襄王这样做，是要让赵括以为他的对手仍然是王龁，因此就更容易上当。如果赵括知道对手是白起，那么他一定会很小心，就不容易上当了。

不久，秦军有一支3000人的部队来攻赵军营寨。赵括命令赵军出击，两军一交战，秦军打不过，死伤了很多，开始往后退，最后大败逃了回去。

这使赵括非常高兴，秦军并没有那么强大，廉颇为什么这么怕他们？

赵军乘胜追击，收复了廉颇丢失的一部分地方。

过了一些日子秦军又有一支部队来攻赵军营寨。两军又战，秦军勇气不足，又死伤了很多人，败退逃走。赵军又收回了一些地方。

这样经过几次小的战斗，都是赵军胜了，赵军收回了以前廉颇丢失的所有地方。

赵括信心大增，觉得秦军不过如此，不是不可战胜的。

赵孝成王听说赵括节节胜利，非常高兴，觉得自己用赵括替换廉颇真是做对了，连连大声说："就这样打，谁说我们不行！"

他命令赵括抓住战机决战，尽快打败秦军。

也许你觉得奇怪，在廉颇指挥的时候，秦军个个都好像虎狼一样，打仗不要性命。为什么赵括来了以后，秦军会一次又一次地打败仗呢？或者说，赵军因为赵括来了以后，真的变得强大了吗？

当然不是。这只是白起用来使赵括轻敌的方法。在这几次对阵中，他命令部队不要死战，只准败退不准打胜，打一下就后退。

白起知道，必须给赵军一些胜利，赵括的胆子才可能大起来，才会有决战的信心。丢掉这些土地算不了什么，只要决战一胜利，这些地方就又全都是秦国的了。

果然，赵括和赵军的将士们确实有了信心。赵括决定全线出击，跟秦军决战。

长平之战

白起在西面，赵括在东面。

离白起军队西面50里的地方是一条河，这条河叫沁水，沁水很宽，很深。

离赵括军队东面10里的地方也是一条河，这条河叫丹（dān）水，丹水也很宽，但是很浅，人可以走着过河。

两军的南面是山，都被秦军占领。北面也是山，几个重要的地方分别被秦军或者赵军占领。

决战的战场就在中间的这一块平地上。

在决战之前，赵括命令驻守沁水西岸皮牢[今山西翼（yì）城东北]的赵军扫除沁水岸边的秦军，渡过沁水向东，跟赵括指挥的军队一起夹攻白起军。

赵括又命令，驻守晋阳的赵军南下临汾（fén）、安邑（yì）一线，支援皮牢军。

白起命令士兵，在沁水东岸建起坚固的营寨。然后派出两员大将各带一万人，出营30里在正面迎战赵军，命令他们只能败不能胜，战败就往后退，一直退到沁水东岸的营寨，引赵军离开自己的营地来追击。

白起命令一员大将带两万五千人，趁赵军出营追击的时候，绕到赵军的后面，烧掉赵军的营地，切断赵军的粮道和退路。

夹攻　jiāgōng　从两边一起往中间打。

54

又命令一员大将，在两军激战时，带秦军从中间冲进去将赵军切成两段。

又命令两员大将各带骑兵五千准备接应。

决战开始了。赵括带领赵军向秦军发起进攻。他中了白起的计，完全没有想到应该保护赵军的粮道，应该保护跟邯郸联系的通道。因为他觉得他很快就能打败王龁指挥的秦军，根本用不着担心那样的问题。

正面迎战的秦军一直向西后退，退到沁水东岸，最后全部退入了营寨。

秦军的营寨很坚固，赵军攻了很久都攻不进去。没有办法，他们只能在那里建起临时的营寨。

赵国的皮牢守军被王龁的秦军阻击，没有完成渡过沁水夹攻白起军的命令。

晋阳的守军也被秦军阻击，无法南下完成对皮牢军的支援。

赵括指挥的赵军虽然很勇敢，但是没有办法攻入秦军的营寨。

在沁水上有很多秦国的船，这些船是秦昭襄王从野王派来的。他亲自来到野王，支援白起作战。

这样，赵括跟秦军在沁水东岸进行了一场面对面的大战。两军力量不相上下，双方的士兵们都很勇敢。

阻击　zǔjī　使敌人不能前进。

不断地有人被刀砍死倒下，战场上尸体越堆越多，血流成河，仍然难分胜负。赵军无法消灭秦军，但是他们也摆脱不了秦军。

赵括想退回长平，但是只要他的部队往后退，秦军就会追上来。赵括这时候才明白，秦军是要全部消灭他这支军队。如果这些赵军被消灭，赵国就没有主力部队了。

双方的士兵都是普通人，半天不吃饭就会肚子饿，所以必须吃饭。不吃饭就没有力气再打仗，要是没有力气，那肯定就会被敌人杀死。

白起指挥的秦军不怕没有饭吃，他们有沁水上的船只不断地送来吃的东西，那是他们的国君秦昭襄王亲自指挥的船队。

赵括指挥的赵军没有人为他们运送吃的东西来，他们只有自己身上带的一点点干粮。他们的粮道已经被秦军切断了，跟邯郸的联系也被秦军切断了。

赵括的40万大军不仅被秦军分成两块，而且完全被秦军包围了。赵括上了白起的当。

秦国怎么会有那么多军队？

实际上，秦国差不多把所有的军队都派出来参加决战了，但是军队的数量跟赵军相比，还是没有占很大的优势。于是秦昭襄王临时把全国15岁以上的男子全部征集起来，组成了一支新部队，来支援白起。

我们可以清楚地看出，秦国动用了所有的力量来参加这场决战，连15岁的孩子都被派出来打仗了，秦王亲自在战场给白起各方面的强力支援，以保证决战的胜利。

可是赵国呢，从赵王到大臣，他们都以为只要用赵括代替廉颇，这场战争就能胜利，他们什么都不用做，只要在邯郸等着前方传来胜利的消息。

赵括有什么困难，他们不知道。赵括需要什么样的支援，他们也不知道。一直到赵括被秦军包围了，跟他们失去了联系，他们还是没有去支援。

可怜的赵括和赵军士兵们，在跟秦军拼命打杀的时候，是多么希望有人来支援一下。可是没有人来。

西面皮牢和北面晋阳的两支赵军拼着命都想向赵括靠拢，可是秦军比他们强大，人数比他们多，他们做不到。但是他们仍然没有放弃，仍然在拼命战斗。

现在赵军跟邯郸的联系被切断了，粮食也没有了。

赵括没有想到情况会这么糟糕。他没有想到，除了正面这么多的秦军以外，秦国还有这么多军队，能够包围赵军。他更没有想到，秦军的指挥早就换成了白起。

赵括知道，现在只有一个办法，就是往东退，恢复跟邯郸的联系，打通粮道。

糟糕 zāogāo （情况）很不好。

可是，只要赵军一往东退，秦军就会冲上来。所以赵括只好命令一支部队，在后边阻击秦军。他自己带着大军往东退。

赵军快退到长平的时候，遇到了切断粮道的秦军，两军相遇，杀声震（zhèn）天。

不久，后面的秦军消灭了阻击他们的赵军后，又追了上来，跟东面的秦军夹击赵军。

赵括的队伍拼命往丹水河边冲。虽然丹水比较宽，可是河水很浅，人能够走过河去。只要到了河东，就可以跟陵（líng）川的赵军会合，赵军就有救了。

可是当赵括带着赵军冲到丹水河边时，大家都傻了。

本来不深的丹水，突然间变得像沁水一样宽，一样深了，而且河水流得很急。

有几个士兵试着想走过河去，可是还没有到河中间，就被河水冲走了。

士兵们如果走进这样深的河里，肯定都会被淹（yān）死。没有渡河的船，赵军被突然间变宽变深的丹水切断了最后一条路。

丹水河里的水是突然从哪里来的？

原来是秦昭襄王从黄河中引来的，这里离黄河很近。这些都是秦国人早就计划好的。

丹水河上有不少秦军的船。丹水河东岸也有秦昭襄王从野王发来的部队，阻击陵川赵军的援救。

实际上，陵川的赵军觉得自己的力量不够，根本就不敢来救赵括。

望着滚滚流动着的丹水，赵括的心一下子沉到了深谷。

40多万赵军被秦军死死地围住了，一直被围了40多天，冲不出去。

这40多天里，邯郸跟赵括失去了联系，他们不知道战场上发生了什么，可是他们竟然没有任何行动，没有给赵括任何支持！也许他们仍然以为，有了赵括，赵军一定会胜利。

赵括面临的最大问题就是没有粮食。随身带的那一点粮食早已吃完了，战马也都杀掉了，可以吃的东西都拿来吃掉了。再也没有东西可吃，士兵们只能饿着。

这时候秦军并不主动来攻击，他们知道只要把赵军围着，再过几天赵军就全都饿死了。

赵括知道不能这样等死，无论如何都应该拼死一战。如果拼死一战，也许还有突围出去的可能。

他把士兵们分为四队，轮流向外突围。可是突围了四五次，都被打了回来。

深谷　shēngǔ　两座山之间很深的地方。

秦国的士兵高声喊道："快投降吧，不投降死路一条。"

赵括很绝望，他已经没有任何办法，只好亲自带领士兵向秦军发起冲锋（fēng）。秦军的箭像雨点一样射过来，结果他被秦军一支又一支的乱箭射中了。

他绝望地倒在地上，身上插满了秦国人的箭，他死了，扔下了自己的 40 万士兵。

他一定很后悔，没有想到，这一仗会败得这么惨（cǎn），他知道自己已经成了赵国的罪人。所以，他死了都没有闭上眼睛，眼睛瞪（dèng）得大大的，看着头顶上的蓝天。

后悔　hòuhuǐ　知道自己做错了，不应该这样做。

赵军之死

赵括死了，40万赵军没有人指挥，一下子乱了，不知道该怎么办。最后赵军只好投降了。

果然，这一切不幸都被赵奢说中，赵国的军队就这样毁在赵括的手里了。赵国也就这样毁在赵括的手里了。

赵军的士兵中，多数人虽然觉得投降很丢脸，但是他们以为投降也许可以活下来，说不定以后还有报仇的机会。

当秦军的士兵向白起报告说，赵军请求投降时，白起终于知道赵括已经死了，他大笑起来。

他的部下问道："接受他们投降吗？"

"当然，让他们投降。"白起说。

"可是，赵国人也是反复无常的，万一他们是假投降，趁我们接受投降的时候发起攻击，怎么办呢？"他的部下说。

"当然有这种可能。所以叫他们走出营寨的时候，把武器仍在门外，然后排好队，一直往北走。"白起说。

"往北走？走到哪里去？"有人问。

是啊，走到哪里去呢？

怎么处理这40万投降的赵军，成了一个难题。白起只好让手下的高级军官们来讨论。

"这么多人投降了，我们怎么处置（zhì）他们？"白

报仇　bào chóu　让敌人也受到同样的损失。

起说。

"我们是把他们编入秦军呢，还是放他们回家？"
有一个将军问。

"编入秦军可不行，这些人不会为秦国打仗的。以
前我们曾经把魏国投降的军队编入秦军，结果打仗的
时候，他们不但不打敌人，反而跟敌人一起来打我们。
我们不能再吃这种亏了。"

"放他们回家更不行。这等于是放虎回山，等于是
为赵国保留了 40 万军队，以后他们还会再来打我们。"

"那你说怎么办？ 40 万人要给他们吃，给他们喝，
我们哪有这么多粮食养着他们？我们自己的粮食都不
够呢！"

"要我说，把他们都杀掉，省得以后有麻烦。"

"40 万人都杀掉？他们已经投降了呀！"有的人觉
得这太没人性，不同意这样做。

"这也是没有办法，接下来我们还要去打邯郸，不
杀掉他们，我们怎么打邯郸？"

"对呀，邯郸是他们的都城。我们打邯郸的时候，
他们一定会反叛 (pàn)，那时候他们会杀死我们。"

"40 万人，他们的力量仍然很强大。要是我们让
他们活着，以后倒霉的一定是我们。杀了他们就等于
灭了赵国，赵国以后就再也没有像样的军队了。"

最后，白起下决心说："说得对，杀掉！"

"怎么杀？ 40 万人呢，他们会随便让人杀吗？弄不好我们也得死不少人。"有人说。

有一个将军说："我知道长平的郊外有很多大坑，让他们放下武器往北走，走到那里时，我们的军队就包围他们，向他们发起攻击，他们就会掉进坑里去，被压在下面的人不用杀就死了，在上面的人我们只要射箭，就能把他们杀死。"

"好，就这样。"白起说。

40 万可怜的赵军将士，就这样被杀死了，他们的尸体填（tián）满了一个又一个大坑。白起只放走了其中 240 个还未成年的小兵，让他们回邯郸去报信。

这是战争史上最没有人性的一次大屠（tú）杀。在这场战争中，赵军一共死了 45 万人。

两千多年来，人们一谈起这场战争，就骂白起这个家伙没人性。

人们也骂赵括，说他读了一些兵书就以为自己了不起，以为天下没有对手，骄傲轻敌，结果使 45 万赵军丢了性命。

后来还由此产生了一个成语"纸上谈兵"。说的就是赵括没有实际作战经验，只会在纸面上讨论打仗，所以才会有这样的失败。

尸体 shītǐ 死人的身体。

尽管在公元前 260 年前后还没有纸，可是人们仍然这样说，后人们把赵括当作只懂理论、不懂实际的代表人物。

不过，如果认为这次失败都是赵括的错，这显然是不公平的。

当时赵国从赵王到大臣，都觉得应该赶快跟秦军决战。所以他们不听廉颇的意见，硬把廉颇换了下来。这个决策已经是错的，注定会失败。

秦军这么强大，又用全国之力，不断给前方各种支持，连秦王都亲自来到了战场。

可是赵孝成王和他身边的重臣们不但看不清形势，而且在决战的时候，他们也没有给赵括任何支援。实际上，前方发生了什么他们根本不知道，他们也不派人去恢复跟前方的联系。他们只等着赵括打胜仗回来。

在这种情况下，赵国即使换别人来指挥，也一样会失败。赵国的失败，主要的责任应该在赵孝成王。

赵括确实很有才气，如果让他上课讲学，或者帮着出主意，那是不错的人才。可惜打仗跟上课是两回事。打仗，没有实战经验，光靠一张嘴怎么行？一不小心出了错，就可能使自己的战士们血流成河。况且他骄傲轻敌，目中无人，他不失败谁失败？

长平之战已经过去两千多年了。

1995 年在将军岭下发现的赵军尸骨只是当年战争

尸骨中很小的一部分。事实上在两千多年时间里，在长平古战场的遗址，后人们经常会发现尸骨和各种武器。

现在，高平市城北宽约 10 公里、长约 30 公里的古战场遗址，是山西省重点文物保护单位，那里建有长平之战纪念馆。

时间一年又一年地过去，那场战争离我们已经越来越远了，不过人们会永远记得那个成语——纸上谈兵。

赵国将亡

　　白起放走的 240 个未成年的小兵，回到了邯郸。他们报告了战场上的情况。他们说："赵括战死了，40 万赵军投降了。"

　　这时候他们还不知道 40 万赵军都已经被白起杀死了。

　　赵国上下都非常震惊。他们简直不相信，结果怎么会是这样呢？赵括不是军事天才吗？

　　不久又传来了 40 万赵军被秦军坑杀的消息。赵国上下愤怒，痛恨秦国人。

　　40 万人，差不多家家都有亲人惨死。母亲失去了儿子；妻子失去了丈夫；孩子失去了父亲。他们悲（bēi）伤，痛心，哭喊着，发誓要向秦国人报仇。

　　那些跟赵奢和赵括本来就不和的人，首先想到的是，把赵括的一家人都抓起来杀掉，并且杀掉三族。

　　"杀了他们能救赵国吗？"赵孝成王很生气地说，"况且，我已经答应过他的母亲，不杀他们全家。你们难道要我说话不算数吗？"

　　赵孝成王没有杀赵括的家人，是赵括的母亲救了这一家人。

　　接下来，派出去的赵国士兵纷纷回来报告说，秦军已经攻下皮牢和晋阳。白起正在上党整顿秦军，准

发誓　fā shì　这里指对上天说，一定要怎么做。

备来攻打邯郸。

邯郸城里人人胆战心惊，都以为秦军马上就要来了。他们每天晚上睡觉的时候都会惊醒好几次，只要有一点动静就会惊慌地大喊："秦军来了。"

赵孝成王心里着急，没想到赵国这么快就要灭亡了。他叫大臣们来商量，问："谁能够阻止秦兵？"

大臣们都低下了头，没有一个人敢说话。

45万大军都死了，到了这时候，要将没有将，要兵没有兵，还有谁有本事阻止秦军呢！

这一天，赵国的君臣谁都没有想出办法。

难道赵国真的这么快就要灭亡了吗？

第二天，赵孝成王的叔叔平原君急急忙忙地走进王宫，向赵王报告说："有一个客人在我家，这个人叫苏（sū）代，他说他有办法让秦军停止进攻。"

"真的吗？赶紧叫他来吧。"赵孝成王说。

苏代来了，他说："大王，我有一个朋友在秦国当丞相。"

"秦国的丞相范雎是你的朋友吗？"赵王说。

"是。我有办法让他说服秦王，停止进攻。"苏代很有信心地说。

"那太好了，就拜托你了。"于是，赵孝成王大喜，

拜托　bàituō　客气地请别人办事。

让苏代带了很多金玉财宝去咸阳。

苏代到了咸阳，见到了范雎。范雎说："先生为何而来？"

苏代说："我为你而来呀。"

范雎想不明白，说："我有什么麻烦吗？"

苏代说："秦军在长平大胜，白起已经杀死了赵括，对吗？"

"对呀。"范雎说。

"接下来，白起要去包围邯郸，对不对？"苏代问道。

"对。"范雎说。

苏代叹（tàn）了一口气说："这对你不利呀。"

"这对我怎么不利？"范雎不明白。

"你想啊，那白起是什么人？他用兵如神，为秦国攻城夺地，已经立下了这么大的功劳，秦王已经封他为武安君。这次他包围邯郸，赵国肯定就要灭亡了，对不对？"

"对呀，这有什么不好？"范雎说。

"赵国亡了，秦国的帝（dì）业就成了。谁功劳最大？是不是你？"苏代问道。

"当然不是我。"范雎说。

"是白起对不对？"

"对。"

"本来你的地位比他高，你是丞相，一人之下万人之上。以后，你恐怕要在白起之下了。你得听他的，是不是？"苏代说。

"是呀，如果白起灭了赵国，他的功劳那么大，这是肯定的。"范雎说。但是他当然不愿意白起在他之上。

"所以，我劝你不要让白起这么得意。"

"那你有什么办法吗？"范雎问。

"你可以劝秦王停止进攻赵国，答应赵国和韩国割地求和。这样，功劳不就是你的了吗？白起没有更大的功劳，而你又有了新的功劳。你的地位不就没有问题了吗？"

苏代的话说到了范雎的心里。范雎决定第二天就劝秦王收兵。

"大王，长平之战我们已经大胜，可是我们的士兵也死伤过半。将士们在外面已经很久了，他们都十分劳苦，应该让他们回国休息整顿，然后再出战。"范雎对秦王这样说。他一方面要为自己谋利益（yì），另一方面要让别人都以为他是一心一意为秦国着想的。

"你说得对，我也正有这个意思。"秦昭襄王说。他完全不知道范雎内心的真正想法。

"不如让赵国和韩国割地求和吧。"范雎进一步说。

"他们愿意割地求和吗？"秦王问。

"他们现在被秦国打怕了，当然愿意割地求和。"范雎说。

"好的，那么这件事就交给你去办吧。"秦王说。

于是，秦昭襄王命令秦军从长平退回秦国。

苏代的计划成功了。他回去向赵孝成王报告。

赵国和韩国就赶紧派使者到秦国去，赵国答应给秦国6座城，韩国答应除上党外再给秦国一座城。

白起很不愿意回秦国，他要求秦王给他更多的给养，马上去攻打邯郸。他认为赵国军队45万人都死了，已经没有打仗的能力，只要马上去攻打邯郸，赵国就会灭亡。

可是秦昭襄王不同意，让他马上退军。

白起没有办法，他虽然不愿意回秦国，可是他必须服从秦王的命令。

这样，秦国的多数军队就回到了秦国。

秦国因为大臣之间的利益斗争，没有马上去消灭赵国。赵国靠一个说客，没有马上灭亡。但是长平之战的失败，使赵国离灭亡的日子已经不远了。

接下来发生了什么，请看下一本书《众志成城的故事》。

生词表

附录：第三级 1200 字表

A

阿　啊　挨　矮　爱　安　岸　按　暗　傲

B

八　吧　拔　把　爸　白　百　摆　败　拜　班　般　搬
板　办　半　帮　傍　包　宝　饱　保　报　抱　杯　北
备　背　倍　被　本　笨　表　鼻　比　笔　必　闭　避
边　编　便　变　步　遍　部　别　冰　兵　饼　并　病
补　不　布

C

擦　猜　才　材　采　彩　踩　菜　参　餐　藏　草　厕
层　插　查　茶　差　拆　柴　产　长　尝　常　场　唱
抄　超　朝　吵　车　尘　沉　晨　称　趁　成　承　诚
城　乘　程　初　吃　池　迟　持　尺　齿　冲　虫　愁　丑
臭　出　此　除　楚　处　穿　传　船　窗　床　吹
词　此　次　刺　从　聪　粗　催　村　错

D

达　答　打　大　呆　代　带　待　袋　戴　担　单　胆

80

但 弹 淡 蛋 当 挡 刀 导 岛 倒 到 道 得
德 的 灯 等 低 敌 底 地 弟 递 第 点 店
钓 调 掉 跌 顶 订 定 丢 东 冬 懂 动 冻
洞 都 斗 抖 读 独 堵 夺 度 渡 端 短 段
断 堆 队 对 蹲 顿 多 　 朵 躲

E

鹅 恶 饿 儿 而 耳 二

F

发 法 翻 烦 反 犯 饭 方 防 房 访 放 飞
非 费 分 纷 粉 份 奋 愤 风 封 夫 扶 服
福 府 父 付 妇 负 附 复 副 富

G

该 改 盖 概 干 赶 敢 感 刚 钢 高 搞 告
哥 割 歌 隔 个 各 给 根 跟 更 工 弓 公
功 攻 供 宫 共 沟 狗 购 够 估 姑 古 骨
鼓 故 顾 刮 挂 怪 关 观 官 管 惯 光 广
规 鬼 贵 跪 滚 国 果 过

H

孩 海 害 寒 喊 汉 汗 好 号 喝 合 何 和
河 盒 贺 黑 很 恨 红 后 候 乎 呼 忽 胡

混活火伙或货获

虎荒火

糊换活

湖还混

花恢获护灰货户黄或互慌伙

化挥划回画悔话会坏昏欢婚

坏会

欢昏婚

H（续）

湖糊虎互户护花化划画话坏欢
还换荒慌黄灰恢挥回悔会昏婚
混活火伙或货获

J

击圾机鸡迹积绩激及级即极急
集几己挤计记纪技际季既济继
寄加家价驾架假嫁稼尖坚间肩
捡减剪检简见件建健渐箭江将
讲奖降交郊骄角脚叫较教接街
节结她姐解介界借今斤金仅紧
尽劲近进禁京经惊睛精景净竟
敬境静镜九久酒旧救就居举句
拒具据卷决绝觉军

K

卡开砍看康扛抗考烤靠科棵颗
可渴克刻客课肯空恐口哭苦块
快筷宽况捆困扩

L

垃拉啦来拦蓝篮懒烂郎狼劳老
乐泪类累冷离礼里理力历厉立

丽 两 领 落
励 亮 令
利 谅 另
例 辆 流
俩 量 留
连 聊 六
怜 了 楼
联 料 路
脸 邻 路
练 林 绿
良 临 乱
凉 零 轮
粮 龄 论

M

妈 帽 密
麻 貌 面
马 么 灭
骂 没 民
吗 每 名
埋 美 明
买 妹 命
卖 门 摸
满 们 母
慢 梦 木
忙 迷 目
毛 米
冒 秘

N

拿 你
哪 年
内 念
那 娘
奶 鸟
男 您
南 牛
难 农
脑 弄
闹 努
呢 怒
能 女
泥 暖

P

爬 批 品
怕 皮 乒
拍 疲 平
排 脾 瓶
派 匹 坡
乒 片 婆
旁 偏 破
胖 篇 扑
跑 骗 普
陪 漂
盆 飘
朋 票
碰 拼

Q

七 汽 敲 穷
妻 器 桥 秋
戚 千 切 求
期 牵 且 球
欺 前 亲 区
齐 钱 侵 取
其 浅 青 去
奇 欠 轻 全
骑 枪 清 劝
旗 强 情 缺
起 墙 晴 却
气 抢 请 确
弃 悄 庆 群

R

然 嚷 让 扰 绕 热 人 忍 认 任 扔 仍 日
容 肉 如 入 软 弱

S

撒 赛 三 伞 散 扫 嫂 色 杀 沙 傻 晒 山
闪 善 伤 商 上 烧 稍 少 绍 蛇 舍 设 社
射 伸 身 深 神 升 生 声 胜 绳 省 剩 失
师 湿 十 什 石 时 识 实 拾 食 史 使 始
士 世 市 示 式 事 势 视 试 室 是 适 收
手 守 首 受 瘦 书 叔 舒 输 熟 术 束 树
数 摔 双 谁 水 睡 顺 说 私 思 撕 死 四
送 诉 速 酸 算 虽 随 岁 碎 损 所 锁

T

他 它 台 抬 太 态 谈 汤 堂 糖 躺 趟 逃
讨 套 特 疼 梯 踢 提 题 体 替 天 田 甜
挑 条 跳 贴 铁 厅 听 庭 停 挺 通 同 铜
童 统 桶 痛 偷 头 透 突 图 涂 途 土 团
推 腿 退 拖 脱

W

挖 外 弯 完 玩 晚 碗 万 王 往 忘 望 危

为 围 伟 卫 未 位 味 胃 喂 温 文 闻 问
我 握 屋 无 五 午 伍 武 舞 务 物 误 雾
X 吸 希 息 悉 惜 习 洗 喜 系 细 下 吓
西 先 鲜 闲 显 险 县 现 线 献 乡 相 香
夏 响 想 向 像 消 小 校 笑 些 鞋 写 谢
箱 辛 新 信 兴 星 行 形 醒 姓 幸 性 兄
心 休 修 修 袖 需 须 许 续 选 学 雪 血
胸 　 　 秀

Y 呀 牙 烟 严 言 颜 眼 演 宴 验 扬 羊
压 养 样 腰 摇 咬 药 要 爷 也 野 业 叶
阳 夜 一 衣 医 宜 移 疑 已 以 椅 义 异
页 意 因 姻 阴 音 银 引 应 英 迎 营 赢
易 硬 永 用 勇 优 油 由 游 友 有 又 右
影 鱼 雨 玉 语 由 预 遇 员 园 原 圆 援
于 怨 院 愿 月 越 元 晕 运

Z 砸 灾 再 在 暂 赞 脏 糟 早 澡 造 责
杂 曾 增 摘 展 占 战 站 掌 丈 找 照 者
这 真 阵 争 征 睁 整 正 证 之 支 知 织

重 追 组

众 撞 族

种 装 足 做

终 转 租 座

中 专 走 坐

治 抓 总 作

志 祝 自 左

指 注 字 昨

纸 助 子 尊

只 住 着 醉

止 主 桌 最

职 猪 捉 嘴

直 周 准 祖